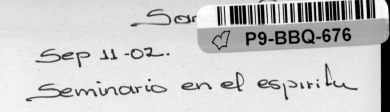

Al encuentro de nueva vida

Guía para los Seminarios de Vida en el Espíritu

EDITORIAL SERVIDORES

© 1984 por
Editorial Servidores
Box 7183
Ann Arbor, Michigan 48107
U.S.A.

Publicado originalmente en inglés bajo el título de
FINDING NEW LIFE IN THE SPIRIT – a guidebook
for the Life in the Spirit Seminars
© 1972 por The Word of God
Publicado por
Servant Books
Box 8617
Ann Arbor, Michigan 48107

Traducción: Cecilia Valdiri

La fotografía de la tapa es de Ed Cooper

Printed in the U.S.A.

ISBN 0-89283-500-1

Nihil Obstat:
Lawrence A. Gollner
Censor librorum

Imprimatur:
Leo A. Pursley, D.D.
Obispo de Fort Wayne – South Bend

"Al que tenga sed le daré a beber del manantial del agua de la vida sin que le cueste nada..." (Ap 21:6)

Esta promesa es para ti, para ti que quieres algo más.

Para ti, que sabes que tienes una sed que todavía no ha sido saciada.

Para ti, que has oído de un agua que refresca sin medida.

Para ti, que te sientes agobiado, que sientes haber caído al fondo y quieres levantarte.

Para ti, que estás en la cima del mundo, pero sabes que el mundo entero no basta.

Para ti, que estás lleno de temores y ansie-
dades, para ti que sientes que tienes el
corazón endurecido y cerrado.

Para ti, que estás lleno de anhelos y entu-
siasmo, para ti que quieres alcanzar
todo lo que un ser humano puede
tener.

Para todos los hombres hay una promesa,
una promesa hecha por tu Dios, quien te
creó.

Tal vez tú lo conoces y te has preguntado
si no habrá más. Tal vez sólo has oído vaga-
mente de él y desearías encontrarlo.

Ahora él te está hablando, ahora él te está
ofreciendo una promesa, un don gratuito,
una vida nueva. . . sin pagar. El te la ofrece
gratuitamente, así como te creó gratuitamente, porque te ama.

*"Y el que tenga sed, y quiera, venga y
tome del agua de la vida sin que le cueste
nada."*   (Ap 22:17)

Introducción

Este libro es una guía, un compañero. Te ayudará a encontrar el camino en los Seminarios de Vida en el Espíritu, y descubrir toda la riqueza que Dios te quiere dar por medio de estos seminarios. Este libro te ayudará a encontrar una vida más profunda en Dios.

Dios nos habla y nos ayuda por medio de otros. Si tú quieres una vida nueva en el Espíritu debes asistir con fidelidad a los seminarios, para que tus hermanos te puedan ayudar durante los mismos. También Dios nos habla cuando estamos a solas con él y hace mucho por nosotros, lo que no podría hacer si no pasáramos un tiempo con él. Dedica tiempo a Dios durante estas próximas siete semanas, y verás que él te dará vida nueva durante este tiempo.

La oración

La oración es sencillamente estar en la presencia de Dios. Nuestra oración puede tomar diversas formas: la alabanza y el culto que le rendimos por ser él quién es; la acción de gracias por lo que él ha hecho por nosotros; la petición, pedirle que haga algo por nosotros o por otras personas; escucharlo a él mientras nos habla. Algunas veces, es sencillamente estar quieto delante de él, callado en su presencia.

La oración crecerá en ti. Al principio, si orar es algo nuevo para ti, crecerá más lentamente. Pero a medida que vayas conociendo a Dios más profundamente y experimentando su amor, tu deseo por la oración también aumentará. Podrás orar aún más libremente después de ser bautizado en el Espíritu Santo. Dios quiere que ores, porque él te ama y quiere que estés con él. Él quiere darte el don de la oración.

Las palabras de vida en este libro te ayudarán a orar. Son palabras que Dios ha hablado en las Sagradas Escrituras. Ahora él quiere decírtelas a ti. Hay una palabra para cada día de las siete semanas de los seminarios, y han sido escogidas para ayudarte a profundizar el tema que fue presentado en el seminario la semana anterior. Medita sobre ellas cada día, durante el tiempo que tienes destinado para la oración, y el Señor te hablará por medio de ellas.

El estudio

La verdadera sabiduría y el verdadero entendimiento son dones de Dios. Él mismo quiere ser tu maestro. Si lees la Biblia y meditas en lo que dice, pidiendo al Señor que te enseñe, recibirás entendimiento espiritual.

Para cada semana del seminario se presentan dos capítulos de la Biblia, seleccionados para prepararte para el seminario de la semana siguiente. Cada semana se asignará un capítulo del Evangelio según San Juan, y el otro capítulo será de los Hechos de los Apóstoles o de una carta de San Pablo. Lee estos capítulos y medita sobre ellos durante la semana. Si tienes tiempo para hacer más lecturas durante las próximas siete semanas, lee en forma completa evangelio el de San Juan y los Hechos de los Apóstoles.

"Por esto nosotros, desde el día que lo supimos, no hemos dejado de orar por ustedes y de pedir a Dios que les haga conocer plenamente su voluntad y les dé toda clase de sabiduría y entendimiento espiritual. Así podrán portarse como deben hacerlo los que son del Señor, haciendo siempre lo que a él le agrada, dando frutos de toda clase de buenas obras y llegando a conocer mejor a Dios. Pedimos que él, con su glorioso poder, los haga fuertes; así podrán ustedes soportarlo todo con mucha fortaleza y paciencia, y darán gracias con alegría al Padre, que los ha preparado a ustedes para recibir en la luz la parte de la herencia que él dará a quienes pertenecen a su pueblo."

(Col 1:9–12)

El amor de Dios

"Pues Dios amó tanto al mundo, que dio a su Hijo único, para que todo aquel que cree en él no muera, sino que tenga vida eterna." (Jn 3:16)

Palabras de vida

Día 1: Dios no es alguien que vive lejos, en un lugar donde nunca puedes llegar. Tampoco es un guardián celestial, ansioso de castigarte por cualquier mal que hagas. Él es un Padre que te ama, y te dice:

"Yo te he amado con amor eterno; por eso te sigo tratando con bondad." (Jer 31:3)

Día 2: Puedes llegar a conocer a Dios y saber lo mucho que te ama. Él quiere tener una relación personal contigo. Él quiere que seas su hijo. No quiere que exista ninguna barrera o distancia entre tú y él; lo prometió por medio del profeta Jeremías.

"Este será el pacto que haré con Israel en aquel tiempo: Pondré mi ley en su corazón y la escribiré en su mente. Yo seré su Dios y ellos serán mi pueblo. Yo, el Señor, lo afirmo. Ya no será necesario que unos a otros, amigos y parientes, tengan que instruirse para que me conozcan, porque todos, desde el más grande hasta el más pequeño me conocerán. Yo les perdonaré su maldad y no me acordaré más de sus pecados. Yo, el Señor, lo afirmo." (Jer 31:33–34)

Esta palabra de vida es una promesa, un ofrecimiento de Dios. Apenas sientas que quieres aceptar este ofrecimiento que Dios te comunica por medio de estas palabras de vida y deseas recibir lo que él te promete, lee la sección titulada "La Alianza de Dios y tu Alianza", en la página 13.

Día 3: Él te ama. Dios, el creador del universo, que creó todo de la nada, te ama. Él quiere cuidarte y darte una vida mejor. Él prometió:

"Las llevaré a comer los mejores pastos, en los pastizales de las altas montañas de Israel. Allí podrán descansar y comer los pastos más ricos. Yo mismo seré el pastor de mis ovejas, yo mismo las llevaré a descansar. Yo, el Señor, lo afirmo. Buscaré a las ovejas perdidas, traeré a las extraviadas, vendaré a las que tengan alguna pata rota, ayudaré a las débiles, y cuidaré a las gordas y fuertes. Yo las cuidaré como es debido." (Ez 34:14–16)

Día 4: Porque Dios nos ama nos envió su único Hijo para salvarnos. Envió a Jesús para que tuviéramos vida, una vida mejor ahora, una vida que durará eternamente.

"Pues Dios amó tanto al mundo, que dio a su Hijo único, para que todo aquel que cree en él no muera, sino que tenga vida eterna." (Jn 3:16)

Día 5: Dios te ama. Te habla ahora. Quiere llegar hasta tu corazón. Él te está diciendo:

"Todos los que tengan sed, vengan a beber agua; los que no tengan dinero, vengan, consigan trigo de balde y coman; consigan vino y leche sin pagar nada. ¿Por qué dar dinero a cambio de lo que no es pan? ¿Por qué dar su salario por algo que no deja satisfecho? Óiganme bien y comerán buenos alimentos, comerán cosas deliciosas. Vengan a mi y pongan atención, escúchenme y vivirán. Yo haré con ustedes un pacto eterno, cumpliendo así las promesas que por amor hice a David." (Is 55:1-3)

Día 6: Si deseas conocer a Dios, si deseas tener la vida que te ofrece, lo puedes lograr. Tan sólo tienes que volverte a él, pues te invita:

"Yo sé los planes que tengo para ustedes, planes para su bienestar y no para su mal, a fin de darles un futuro lleno de esperanza. Yo, el Señor, lo afirmo. Entonces ustedes me invocarán, y vendrán a mi en oración y yo los escucharé. Me buscarán y me encontrarán, porque me buscarán de todo corazón. (Jer 29:11-13)

Día 7: Algunas veces parece que Dios está muy lejos. Otras veces parece que no lo podremos alcanzar nunca. Pero él no está lejos. Está muy cerca de ti, y en este momento trata de manifestarse a ti, en una manera más plena que nunca. Dios promete:

"El Señor está cerca de los que le invocan, de los que le invocan con sinceridad."

(Sal 145:18)

Estudio: Los dos capítulos que estudiaremos en esta semana se refieren a quién es Jesús y cómo nos salva. Son:

Juan 1 y Colosenses 1.

La alianza de Dios

Sabemos que Dios está dispuesto a tener una relación personal con nosotros y darnos una vida nueva, solamente porque él nos lo ha dicho. Él nos hizo muchas promesas y podemos confiar en las promesas de Dios. Él tiene todo el poder en el cielo y en la tierra y no miente. Puede hacer lo que dice, y lo hará. Pero no nos impondrá estas cosas. Tenemos que reclamar lo que nos está ofreciendo. Debemos creer en lo que él dice y recibir lo que nos quiere dar.

Muchas de las "palabras de vida" citadas antes son promesas. Podemos reclamar vida sobre estas promesas.

Tu alianza

El don de Dios, una vida nueva con él, es absolutamente gratuito. En ninguna forma lo podemos ganar o merecer. No obstante, tenemos que recibir lo que nos está ofreciendo. Tenemos que venir a él y tenderle la mano.

Una alianza es un acuerdo. Cuando hacemos una alianza con alguien, hacemos un acuerdo con él. Podemos entrar en una alianza con Dios, porque él ya nos ha ofrecido una alianza a nosotros. Él nos ha hecho una promesa que podemos aceptar y reclamar. Si ahora tú haces una alianza con Dios, por el período de las próximas siete semanas, encontrarás que al finalizar este tiempo, tendrás una vida nueva con él.

En las palabras de vida aludidas, Dios nos promete que si nos volvemos a él y tratamos de alcanzar lo que nos ofrece, él nos lo dará. La alianza que debes hacer con Dios es sencillamente un pacto de volverte a él, escucharlo y dejar que otros cristianos te ayuden.

Tal vez, ya conoces a Dios y has experimentado su amor. Tal vez lo que estás buscando es una relación más profunda con él, una mayor plenitud de vida en su Espíritu. Si haces ahora una alianza con Dios, y te comprometes a buscar lo que él te ofrece, él te dará esa vida más profunda con él. Debes estar de acuerdo en hacer aquellas cosas que permitirán a Dios darte el don que tiene para ti. Para todos los participantes del seminario, estas cosas son las siguientes:

1) Asistir y participar, cada semana, en los Seminarios de Vida en el Espíritu, sin faltar a ninguno.

2) Dedicar por lo menos 15 minutos diarios a la oración y al estudio, meditando sobre las palabras de vida en este libro, y estudiar las lecturas asignadas (15 minutos bien empleados, no 15 minutos en que estás cansado o distraído).

3) Venir cada semana a orar con el grupo de oración o la comunidad, que te está ayudando a encontrar una vida nueva en el Espíritu.

4) Compartir cada semana, con otras

personas del seminario, sobre la forma en que estás creciendo espiritualmente y sobre las dificultades que has tenido.

Para hacer esta alianza con Dios, di la siguiente oración:

"Padre, quiero tener una relación nueva contigo y la vida nueva que prometes. Quiero conocerte más plenamente. Quiero que tú cambies mi vida y que me des poder para vivir una vida mejor. Para permitirte hacer esto, prometo asistir cada semana a los Seminarios de Vida en el Espíritu; dedicar 15 minutos cada día para buscarte personalmente; orar cada semana con la comunidad, y compartir con otras personas del seminario, sobre la forma en que estoy creciendo y sobre las dificultades que he tenido. Quiero que tengas la oportunidad de darme aquellas cosas que me has prometido."

Si fallas...

Acuérdate que Dios te ama y quiere que estés con él, aún más de lo que tú puedes desear estar con él. Él no es legalista con nosotros. Si algo ocurre un día que nos impide cumplir con nuestra alianza, Dios no nos echará en cara esta falta. Si somos negligentes en cumplir con lo que nos hemos comprometido, debemos arrepentirnos, y luego pedirle perdón, y él nos perdonará. Él nos ama y no quiere que exista ninguna barrera entre nosotros y él. Desde luego, solamente debemos hacer una alianza con Dios si verdaderamente lo queremos hacer y si tenemos toda la intención de cumplir con nuestra parte. Una alianza es una forma de tener una relación de amor comprometido con Dios.

"Yo no digo:
'Búsquenme donde no
hay nada'. " (Is 45:19)

La salvación

"Dios nos libró del poder de la oscuridad y nos llevó al reino de su amado Hijo, por quien nos salvó y nos perdonó nuestros pecados."   (Col 1:13–14)

Palabras de vida

Día 1: Algo anda radicalmente mal en el mundo en que vivimos. Diariamente leemos acerca de guerras, asesinatos, pobreza, los conflictos raciales, explotación. Diariamente podemos presenciar en otros, y sentir en nosotros mismos, la soledad, la depresión, la ansiedad, el aburrimiento, el recelo, la desconfianza, las peleas, y el odio. Sin embargo, Dios no creó al mundo para que fuera de esta manera, ni quiere que sea así. He aquí su promesa:

"En los últimos tiempos quedará afirmado el monte donde se halla el templo del Señor. Será el monte más alto; más alto que cualquier otro monte. Todas la naciones vendrán a él; pueblos numerosos llegarán, diciendo: 'Vengan, subamos al monte del Señor, al templo del Dios de Jacob, para que él nos enseñe sus caminos y podamos andar por sus senderos.' Porque de Sión saldrá la enseñanza del Señor, de Jerusalén vendrá su palabra. El Señor juzgará entre las naciones y decidirá los pleitos de pueblos numerosos, aun de los más lejanos. Ellos convertirán sus espadas en arados y sus lanzas en hoces. Ningún pueblo volverá a tomar las armas contra otro ni a recibir instrucción para la guerra. Todos vivirán entonces sin temor, y cada cual podrá descansar a la sombra de su vid y de su higuera. ¡Son las propias palabras del Señor todopoderoso! Los otros pueblos obedecen a su propios dioses, pero nosotros siempre obedeceremos al Señor nues-

tro Dios. Esto afirma el Señor: 'En aquel día reuniré a mis ovejas, a las que había castigado: a las cojas, cansadas y dispersas.' "
(Mi 4:1-6)

Día 2: Muchos hombres nos ofrecen planes para hacer un mundo mejor. Mejor educación, mayores habilidades técnicas, nuevos programas políticos, los conocimientos sociológicos, las drogas, se ofrecen como solución a los problemas de hoy. Se nos presentan religiones creadas por los hombres (budismo, bahaísmo, el zen, la yoga y muchas otras), como la esperanza del mundo. Aún hay quienes sostienen que la solución es un código moral cristiano sin Cristo. Pero todas son ideas humanas, planes hechos por el hombre. El Señor dice:

"Así como el cielo está por encima de la tierra, así también mis ideas y mi manera de actuar están por encima de las de ustedes."
(Is 55:9)

Día 3: Necesitamos más que las ideas y el poder humano; necesitamos la sabiduría y el poder de Dios. Nos estamos enfrentando a una fuerza mayor que el poder humano. Detrás de los males del mundo hay una inteligencia maligna, un reino de espíritus

malignos, que es más poderoso que nosotros. Cada uno de nosotros ha percibido lo
que nos dice Pablo:

"Porque no estamos luchando contra
gente de carne y hueso, sino contra malig-
nas fuerzas espirituales del cielo, las
cuales tienen mando, autoridad y dominio sobre este mundo."   (Ef 6:12)

Día 4:   La respuesta de Dios para las necesidades del mundo es Jesucristo. Jesús fue
enviado al mundo para salvarnos, para
liberarnos del poder de Satanás y del
mundo, con el fin de que pudiéramos vivir
una vida nueva ahora y siempre.

"Marta le dijo a Jesús:
—Señor, si hubieras estado aquí, mi her-
mano no habría muerto. Pero yo sé que
aun ahora Dios te dará todo lo que le
pidas.
Jesús le contestó:
—Tu hermano volverá a vivir.
Marta le dijo:
—Si, ya sé que volverá a vivir cuando los
muertos resuciten, en el día último.
Jesús le dijo entonces:
—Yo soy la resurrección y la vida. El que
cree en mi, aunque muera, vivirá; y todo
el que todavía está vivo y cree en mi, no

morirá jamás. ¿Crees esto?

Ella le dijo:

— Si, Señor, yo creo que tú eres el Mesías, el Hijo de Dios, el que tenía que venir al mundo." (Jn 11:21-27)

Día 5: Nuestra libertad tiene un precio. Jesús tuvo que morir para que nosotros pudiéramos vivir. Pero Dios nos amó de tal manera que envió a su hijo, quien voluntariamente murió por nosotros. Como dice Pablo:

"Pues cuando nosotros éramos incapaces de salvarnos, Cristo a su debido tiempo, murió por los malos. No es fácil que alguien se deje matar en lugar de otra persona. Ni siquiera en lugar de una persona justa; aunque quizás alguien estaría dispuesto a morir por una persona verdaderamente buena. Pero Dios prueba que nos ama, en que, cuando todavía éramos pecadores, Cristo murió por nosotros.

(Rm 5:6-8)

Día 6: Jesús murió y resucitó de entre los muertos para que tuviéramos vida nueva. Si Jesús no hubiera muerto, si no hubiera sufrido su pasión, no habríamos podido ser liberados del pecado y del poder de Satanás. Isaías nos dice sobre Cristo:

"Y sin embargo él estaba cargado con nuestros sufrimientos, estaba soportando nuestros propios dolores. Nosotros pensamos que Dios lo había herido, que lo había castigado y humillado. Pero fue traspasado a causa de nuestra rebeldía, fue atormentado a causa de nuestras maldades; el castigo que sufrió nos trajo la paz, por sus heridas alcanzamos la salud. Todos nosotros nos perdimos como ovejas, siguiendo cada uno su propio camino, pero el Señor cargó sobre él la maldad de todos nosotros." (Is 55:4–6)

Día 7: Cuando Jesús resucitó de entre los muertos, ya había vencido el poder de Satanás. Ahora él te puede liberar del poder de las tinieblas y del dominio del reino del Maligno. Él te puede dar una vida completamente nueva, si estás dispuesto a dejar tu vida anterior.

"Dios nos libró del poder de la oscuridad y nos llevó al reino de su amado Hijo, por quien nos salvó y nos perdonó nuestros pecados." (Col 1:13–14)

Estudio: Esta semana estudiaremos la vida nueva que nos trae Jesús y el don del Espíritu Santo, que la hace posible.
Juan 3, Hechos 2

La nueva vida

"Yo he venido para que tengan vida, y para que la tengan en abundancia."

(Jn 10:10)

Día 1: A través de los siglos, los profetas predijeron que llegaría el día en que Dios daría su Espíritu libremente a los hombres. Los que se volvieran a él y recibieran su Espíritu, serían transformados. Se convertirían en hombres nuevos, con una vida nueva.

"Yo, el Señor, lo afirmo: los lavaré con agua pura, los limpiaré de todas sus impurezas, los purificaré del contacto con sus ídolos; pondré en ustedes un corazón nuevo y un espíritu nuevo. Quitaré de ustedes ese corazón duro como la piedra y les pondré un corazón dócil. Pondré en ustedes mi espíritu, y haré que cumplan mis leyes y decretos; vivirán en el país que di a sus padres, y serán mi pueblo y yo seré su Dios." (Ez 36:25–28)

Día 2: Antes de morir, Jesús prometió que enviaría el Espíritu Santo a sus seguidores. El Espíritu Santo vivirá en ti y te dará vida nueva. La promesa de Jesús es para todo el mundo. El nos dice:

"Si ustedes me aman, obedecerán mis mandamientos. Y yo le pediré al Padre que les mande otro Defensor, el Espíritu de la verdad, para que esté siempre con ustedes. Los que son del mundo no lo pueden recibir, porque no lo ven ni lo conocen; pero ustedes lo conocen, porque él está con ustedes y permanecerá siempre en ustedes. No los voy a dejar abandonados." (Jn 14:15–18)

Día 3: En el día de Pentecostés, los discípulos de Jesús se encontraban reunidos en una habitación, orando, y el Espíritu

Santo, que Jesús les había prometido, descendió sobre ellos. Desde ese momento en adelante, fueron hombres totalmente transformados.

"Cuando llegó la fiesta de Pentecostés. . . todos quedaron llenos del Espíritu Santo, y comenzaron a hablar en otras lenguas, según el Espíritu hacía que hablaran."

(Hch 2:1–4)

Día 4: Puedes experimentar la presencia del Espíritu Santo en la misma forma en que lo experimentaron los primeros discípulos. Sea que hayas sido cristiano por algún tiempo o que nunca hayas creído en Cristo antes, puedes recibir lo que te hace falta en tu experiencia de vida en el Espíritu. Lo que les sucedió a los discípulos en Efeso, también te puede suceder a ti.

"Al oír esto, fueron bautizados en el nombre del Señor Jesús; y cuando Pablo les impuso las manos, también vino sobre ellos el Espíritu Santo, y hablaban en lenguas extrañas, y comunicaban mensajes recibidos de Dios. Eran entre todos unos doce hombres."

(Hch 19:5–7)

Día 5: Cuando dentro de ti se libere el Espíritu Santo, empezarás a experimentar una nueva clase de vida. Conocerás a Dios en una forma nueva. Esta vida nueva crecerá en ti hasta que te conviertas en una persona nueva. Pablo describe los resultados, diciendo:

"En cambio, lo que el Espíritu produce es amor, alegría, paz, paciencia, amabilidad, bondad, fidelidad, humildad y dominio propio." (Gál 5:22–23)

Día 6: A medida que crezcas en la fe en el Espíritu Santo, empezarás a experimentar que él trabaja en ti en nuevas y diversas formas, con el fin de que puedas servir a otros. El Espíritu te dotará de dones espirituales, dones que te darán un nuevo poder para realizar su obra. Pablo habla de algunos de estos dones en los siguientes términos:

"Dios da a cada uno alguna prueba de la presencia del Espíritu, para provecho de todos. Por medio del Espíritu a unos les concede que hablen con sabiduría; y a otros, por el mismo Espíritu, les concede que hablen con profundo conocimiento. Unos reciben fe por medio del mismo Espíritu, y otros reciben el don de curar enfermos. Unos reciben poder para hacer

milagros, y otros para comunicar mensajes recibidos de Dios. A unos, Dios les da
la capacidad de distinguir entre los espíritus falsos y el Espíritu verdadero, y a
otros la capacidad de hablar en lenguas; y
todavía a otros les da la capacidad de
interpretar lo que se ha dicho en esas
lenguas. Pero todas estas cosas las hace el
único y mismo Espíritu, dando a cada
persona lo que a él mejor le parece."

(1 Cor 12:7-11)

Día 7: Dios nos da el Espíritu Santo para
que podamos estar unidos al cuerpo de Cristo (la Iglesia, la comunidad cristiana). La
nueva vida en el Espíritu te permitirá estar
más estrechamente unido con otros cristianos en la Iglesia, y experimentar una comu-
nión con ellos en el Espíritu. La palabra de
Dios nos enseña:

"Por eso, ustedes ya no son extranjeros, ya
no están fuera de su tierra, sino que ahora
comparten con el pueblo de Dios los
mismos derechos, y son miembros de la
familia de Dios. Ustedes son como un edificio levantado sobre los fundamentos
que son los apóstoles y los profetas, y
Jesucristo mismo es la piedra que corona
el edificio. Unido a Cristo, todo el edificio

va levantándose en todas y cada una de sus partes, hasta llegar a ser un templo consagrado y unido al Señor. Así también ustedes, unidos a Cristo, se unen todos entre sí para llegar a ser un templo en el cual Dios vive por medio de su Espíritu." (Ef 2:19-22)

Estudio: Los dos capítulos que leeremos esta semana nos hablan de cómo debemos volvernos a Dios en fe y en arrepentimiento. Juan 4, Hechos 13

Juan 15:5
Efesios 2: 8,9
Efesios 4: 22-24
Lucas 15:17
Romanos 8: 9

4ª Enseñanza.

Recibiendo el don de Dios

Que significa el espíritu santo

"Aquel día, Jesús, puesto de pie, dijo con voz fuerte: 'Si alguien tiene sed, venga a mí y beba. Como dice la Escritura, del corazón del que cree en mi brotarán ríos de agua viva.'" (Jn 7:37-38)

Preparación para el bautismo en el Espíritu

Hermano o hermana:

Esta semana el Señor mismo quiere prepararte. No tengas miedo; no te preocupes

31

en forma alguna, ni te preguntes cómo te puedes preparar. Solamente pide al Señor que él te prepare. Él te ama y lo hará.

Ábrete para que las palabras de vida te hablen. La palabra de Dios te preparará.

No dejes que el Maligno te confunda. Si empiezas a tener dudas, alguna perturbación o ansiedad, ordena al Maligno que se vaya. Díle que tú perteneces a Jesús y que Jesús es tu Señor. Pon tu fe en Dios.

Dios te ama; él quiere darte la plenitud de vida en el Espíritu. Él ha prometido dar el Espíritu Santo a los que le piden. Simplemente pídele con confianza.

Satanás te dirá que no mereces ser bautizado en el Espíritu, que no eres digno. Y tiene toda la razón. No hay nadie que sea digno. Pero Dios no te va a bautizar en el Espíritu porque lo merezcas; lo hará porque te ama. Lo hará porque Jesús murió por ti.

Jesús cambiará tu vida cuando te comprometas con él y el grupo ore contigo. Empezarás una nueva vida en el Espíritu. Puedes contar con eso. Solamente tienes que confiar en la promesa de Dios.

No busques tener una experiencia específica. Algunas personas tienen una experiencia muy fuerte cuando se ora con ellas, mientras que otras casi no sienten nada. Lo que quieres es el Espíritu Santo, no una experiencia. Una vez que estés en una relación nueva con el Espíritu Santo, experimentarás su presencia en un sentido nuevo. Lo verás actuar en tu vida en una forma nueva.

Pídele al Señor que te dé el don de lenguas. Es un don de Dios, y aunque tú no entiendas completamente lo que puede significar para ti, confía en Dios: sus dones son realmente dones y vale la pena tenerlos. Si no estás dispuesto a recibir el don de lenguas, estás poniendo una barrera a la obra del Señor, y el Espíritu Santo no tendrá la libertad para actuar plenamente en ti. Ábrete a todos los dones de Dios, sin ninguna reserva.

Ten tranquilidad; Dios te ama. Acuérdate de que estás rodeado por su amor paternal. Acuérdate de que él envió a su Hijo para salvarte. Entrega tu vida en sus manos diariamente.

Lee estas palabras a menudo durante esta semana. Te ayudarán a prepararte para ser bautizado en el Espíritu.

"¡Nosotros confiamos en el Señor;
él nos ayuda y nos protege!
Nuestro corazón se alegra en el Señor,
confiamos plenamente en su santo nombre.

¡Que tu amor, Señor, nos acompañe,
tal como esperamos de ti!" (Sal 33:20–22)

El compromiso con Cristo

En el próximo seminario, antes que oren contigo para ser bautizado en el Espíritu, harás un compromiso con Cristo. El líder del grupo te hará tres preguntas. Después de contestarlas, dirás una oración manifestando tu compromiso con Cristo. Durante esta semana, medita sobre estas preguntas y la oración.

¿Renuncias a Satanás y a todo mal?

¿Crees que Jesús es el Hijo de Dios, que murió para liberarnos de nuestros pecados, y que resucitó para darnos vida nueva?

¿Quieres seguir a Jesús como tu Señor?

Señor Jesucristo, quiero pertenecerte por completo de ahora en adelante. Quiero ser liberado del dominio de las tinieblas y del reino de Satanás. Quiero entrar en tu reino y formar parte de tu pueblo. Estoy dispuesto a apartarme de todo mal y a evitar todo lo que me pueda llevar a cometer el mal. Te ruego que me perdones todos los pecados que he cometido.

Te entrego mi vida, y prometo obedecerte como mi Señor. Te pido que me bautices en el Espíritu Santo y que me des el don de lenguas.

Palabras de vida

Día 1: Dios tiene una vida nueva para ti, porque te ama. Es un don. No puedes ganarla ni merecerla. Se dice en la palabra de Dios:

"Pero cuando Dios nuestro Salvador mostró su bondad y su amor por la humanidad, nos salvó, no porque nosotros hubiéramos hecho nada bueno, sino porque tuvo compasión de nosotros. Por medio del agua del bautismo nos ha hecho nacer de nuevo; por medio del Espíritu Santo nos ha dado nueva vida; y por medio de nuestro Salvador Jesucristo nos ha dado el Espíritu Santo en abundancia."   (Tit 3:4–6)

Día 2: La vida nueva en el Espíritu es un don, pero tienes que acudir a Jesús para recibirla. Todos los que vienen a él, reciben vida nueva en abundancia. Jesús dice:

"Si alguien tiene sed, venga a mí y beba.

Como dice la Escritura, del corazón del
que cree en mí brotarán ríos de agua viva.
(Jn 7:37–38)

Día 3: Para acercarte a Jesús tienes que
apartarte de todo lo que sea incompatible
con la vida que te ofrece (arrepentimiento) y
aceptar las promesas que él te hace (creer,
tener fe). Cuando acudes a Jesús en arrepentimiento y en fe, él te puede dar vida nueva.
Jesús dice:

"Ha llegado el tiempo, y el reino de Dios
está cerca. Vuélvanse a Dios y acepten
con fe sus buenas noticias." (Mc 1:15)

Día 4: La nueva vida es para todo aquel
que quiera volverse al Señor. El don del Espíritu Santo es para ti. Satanás tratará de en-
gañarte para que pienses que tú no puedes
ser bautizado en el Espíritu, pero la palabra
de Dios dice:

"Vuélvanse a Dios y bautícese cada uno
en el nombre de Jesucristo, para que Dios
les perdone sus pecados, y así él les dará
el Espíritu Santo. Esta promesa es para
ustedes y para sus hijos, y también para
todos los que están lejos; es decir, para
todos aquellos a quienes el Señor nuestro
Dios quiera llamar." (Hch 2:38–39)

Día 5: Es cierto que tú no puedes ni ganar, ni merecer el don del Espíritu Santo, pero tienes que abandonar todo lo que en tu vida, sea incompatible con la vida cristiana. La vida nueva significa que serás santo como Dios es santo. La palabra de Dios dice:

"¿No saben ustedes que los malvados no tendrán parte en el reino de Dios? No se dejen engañar, pues en el reino de Dios no tendrán parte los que cometen inmoralidades sexuales, ni los idólatras, ni los que cometen adulterio, ni los hombres que tienen trato sexual con otros hombres, ni los ladrones, ni los avaros, ni los borrachos, ni los chismosos, ni los tramposos." (1 Cor 6:9-10)

Día 6: La fe significa confiar en las promesas de Dios. Sabes que Dios puede hacer cualquier cosa. Sabes que él no miente. Confía en las promesas de Dios y reclámalas como lo hizo Abraham, y verás que él obrará en una forma nueva en tu vida. La palabra de Dios dice:

"No dudó ni desconfió de la promesa de Dios, sino que tuvo más fe y confianza. Alabó a Dios, plenamente convencido de que Dios tiene poder para cumplir lo que promete." (Rm 4:20-21)

Día 7: Cuando te vuelves al Señor en arrepentimiento y en fe, lo único que tienes que pedirle es que te dé la plenitud de la vida en el Espíritu Santo. Sabemos que Dios nos dará el Espíritu Santo porque nos ama y quiere estar unido a nosotros, en la forma más plena posible. Jesús prometió que el Padre dará el Espíritu Santo a todo aquel que lo pida.

"Así que yo les digo: Pidan, y Dios les dará; busquen, y encontrarán; llamen a la puerta, y se les abrirá. Porque el que pide, recibe; y el que busca, encuentra; y al que llama a la puerta, se le abre. ¿Acaso alguno de ustedes, que sea padre, sería capaz de darle a su hijo una culebra cuando le pide pescado, o de darle un alacrán cuando le pide un huevo? ¡Pues si ustedes, que son malos, saben dar cosas buenas a sus hijos, cuánto más el Padre que está en el cielo dará el Espíritu Santo a quienes se lo pidan!" (Lc 11:9–13)

Estudio: Los dos capítulos que estudiaremos esta semana tratan de la vida en el Espíritu y del poder de Dios en nosotros.
Juan 14, Hechos 8

Oct 16

Salmo 51 : 7
Ezequiel 11 : 18-20
S. Juan 14 : 16

1 Corintios 12 : 7
San Juan 15 : 8

Bautizado en el Espíritu

San Pablo
● Galatas 5 : 22.

*"Y preocuparse por lo puramente humano
lleva a la muerte; pero preocuparse por
las cosas del Espíritu lleva a la vida y a la
paz.* (Rm 8:6)

Anoche el grupo oró contigo. Hoy es un
nuevo día. Puede ser que sientas un nuevo
gozo, una nueva paz y que la alabanza de
Dios brota en ti. O puede ser que tengas
dudas, una sensación de que hiciste el ridí-
culo anoche, o un sentimiento de confusión
o depresión. Incluso puedes experimentar
todos estos sentimientos al mismo tiempo;
pero la vida del Espíritu no está basada en

los sentimientos.

Hoy es el día de empezar en fe una vida
nueva. Si entregaste tu vida a Cristo y le
pediste que te bautizara en el Espíritu Santo,
entonces fuiste bautizado en el Espíritu.
Puede ser que sientas un sinnúmero de
cosas, pero lo cierto es que hiciste un nuevo
comienzo anoche y ahora debes vivir en fe
ese nuevo comienzo.

Considera la realidad: cuando estás
bautizado en el Espíritu, el Espíritu Santo
actúa en ti en una forma nueva. Todavía el
Espíritu Santo no está controlando tu vida
completamente; todavía tienes que crecer
en la vida del Espíritu, pero él está actuando
en ti en una forma nueva.

También, Satanás está interesado en ti de
una manera nueva. Ahora que tienes más
poder espiritual, representas un mayor
peligro para él y por lo tanto quiere detener-
te. Después de ser bautizado, Jesús entró en
la batalla espiritual en una forma más fuerte
(Lc 4:1-13). De la misma manera, ahora que
has sido bautizado en el Espíritu Santo, tú
entras también en la batalla espiritual en
una forma nueva.

Supongamos que un amigo tuyo quiere
entrar en un cuarto determinado y te busca
para que le des la llave. Supongamos que
alguien quiere impedir que tu amigo entre

en ese cuarto. Tu amigo tiene la llave, y parece que no debe haber nada que le impida entrar en el cuarto. Pero si se le puede convencer que no tiene realmente la llave, entonces tal vez nunca la use, y no entre en el cuarto. Ahora que has sido bautizado en el Espíritu, Satanás tratará de convencerte que no fue real, o que no te sucedió a ti. Esa es su primera táctica.

Su segunda táctica es todo lo contrario. Su segunda táctica es convencerte de que ahora que has sido bautizado en el Espíritu Santo no tienes nada que temer. Tus problemas han desaparecido, y no necesitas nada ni a nadie. El tratará de hacerte pensar que ya no necesitas orar, que no necesitas aprender cómo vivir la vida en el Espíritu y que no necesitas la ayuda de otros cristianos. Si te das cuenta de que empiezas a tener pensamientos de esta índole, ten cuidado; estás a punto de caer.

No temas. Simplemente pon tu fe en Dios y rechaza toda duda y ansiedad. Déjate llenar del gozo, de la paz y de la alabanza de Dios. Con humildad, comienza a aprender de Dios y de tus hermanos cómo vivir la vida en el Espíritu. Recuerda que sólo eres un principiante.

No dejes que te preocupe el don de lenguas. Si no has podido orar en lenguas, espera que suceda...y puede suceder en cualquier momento. Si dijiste algo anoche, pero no estás seguro si fue algo en lenguas o no, sigue repitiéndolo. Si fueron lenguas, crecerán y se desarrollarán. Si no fueron lenguas, podrán convertirse en lenguas. Si oraste en lenguas, pero se oyeron como un tartamudeo, sigue haciéndolo. Crecerán y se desarrollarán.

Ora en lenguas todos los días y comprenderás cada día mejor su valor.

Ahora más que antes necesitas los Seminarios de Vida en el Espíritu. Las enseñanzas de las dos próximas semanas son muy importantes. Ahora que has sido bautizado en el Espíritu, necesitas crecer en la vida del Espíritu. Si tienes alguna dificultad, o no estás seguro de qué ha ocurrido, el Maligno tratará de mantenerte alejado de otros cristianos. No te dejes convencer de no asistir a los próximos dos seminarios.

Dios te ama, y quiere que vivas en unión con él. Vivir la vida en el Espíritu es muy sencillo: escucha la palabra de Dios, pon tu fe en esa palabra y obedécela. Dios te guiará.

Palabras de vida

Día 1: Cuando oraron contigo ayer, se realizó un cambio en tu vida. Puedes estar seguro de que el Maligno tratará de confundirte. Pero puedes confiar en que Dios está contigo y quiere guiarte a una vida nueva. La palabra de Dios dice:

"Dejen todas sus preocupaciones a Dios, porque él se interesa por ustedes. Sean prudentes y manténganse despiertos, porque su enemigo el diablo, como un león rugiente, anda buscando a quien devorar. Resístanle, firmes en la fe." (1 Pe 5:7-9)

Día 2: El Señor te ha dado un nuevo poder en el Espíritu; úsalo. Tal vez, en este momento, no te parezca que sea mucho; pero el poder que Dios te ha dado aumentará si lo usas. El Señor alaba a los que le son fieles, cuando dice:

"Muy bien, eres un empleado bueno y fiel; ya que fuiste fiel en lo poco, te pondré a cargo de mucho más. Entra y alégrate conmigo."   (Mt 25:23)

Día 3: Cuando vives en el Espíritu, el Espíritu ora en ti. Déjalo orar en ti a menudo durante el día. Algunas veces será en español y otras veces será en la nueva lengua que te ha dado. Aunque sólo puedas orar en tu nueva lengua algunas sílabas o no te sientes seguro, si oras cada día en esa lengua, ésta aumentará. La palabra de Dios te debe alentar:

> "No dejen ustedes de orar: rueguen y pidan a Dios siempre, guiados por el Espíritu." (Ef 6:18)

Día 4: Aprende a orientar tus pensamientos hacia el Señor y hacia las cosas del Espíritu. Piensa en el Señor. Medita en las palabras de vida que él te habla, y comprende cómo vivir su vida. Si tu mente se forma con la verdad de Dios, encontrarás vida y paz. La palabra de Dios te promete:

> "Y preocuparse por lo puramente humano lleva a la muerte; pero preocuparse por las cosas del Espíritu lleva a la vida y a la paz." (Rm 8:6)

Día 5: El Señor quiere que tengas dones espirituales, porque quiere darte poder para servirle de una manera más eficaz. Pero él quiere que comprendas que el propósito de la vida cristiana es amar a Dios y amarnos los unos a los otros. Esto debe ser el centro de tu interés. La palabra de Dios dice:

"Procuren, pues, tener amor, y al mismo tiempo ambicionen que Dios les dé dones espirituales." (1 Cor 14:1)

Día 6: ¿Cómo puedes saber si eres una persona espiritual? Frecuentemente, la gente tiene la idea de que somos espirituales si tenemos muchos dones espirituales. Pero tú puedes saber si eres una persona espiritual en la medida que los frutos del Espíritu (amor, alegría, paz, paciencia, bondad, generosidad, fidelidad, sencillez, dominio de sí) caracterizan tu vida. Pablo nos previene cuando habla a los corintios:

"Yo, hermanos, no pude hablarles entonces como a gente guiada por el Espíritu, sino como a personas con criterios puramente humanos, como a niños en cuanto a las cosas de Cristo. Les di una enseñanza sencilla, igual que a un niño de pecho se le da leche en vez de alimento sólido, porque ustedes todavía no podían digerir la comida fuerte. ¡Y ni siquiera pueden digerirla ahora, porque todavía tienen criterios puramente humanos! Mientras haya entre ustedes envidias y discordias, es que siguen manteniendo criterios pura-

mente humanos y conduciéndose como
lo hace todo el mundo." (1 Cor 3:1–3)

Día 7: Dios quiere que vivamos con él en
el cielo. Las dificultades que tenemos que
afrontar en la tierra son pequeñas, si las
comparamos con la gloria del cielo. El don
del Espíritu es sencillamente un primer
pago, una prenda de lo que ha de venir. Dios
te promete:

"Lo que sufrimos en esta vida es cosa
ligera, que pronto pasa; pero nos trae
como resultado una gloria eterna mucho
más grande y abundante. Nosotros somos
como una casa terrenal, como una tienda
de campaña no permanente; pero sabemos que si esta tienda se destruye, Dios
nos tiene preparada en el cielo una casa
eterna, que no ha sido hecha por manos
humanas. Y Dios es quien nos ha preparado para esto, y quien nos ha dado el Espíritu Santo como garantía de lo que
hemos de recibir. (2 Cor 4:17; 5:1,5)

Estudio: Los dos capítulos que leeremos
esta semana nos hablan acerca de nuestro
crecimiento en la unión con Cristo y en
nuestra vida en el Espíritu.

Juan 15, Gálatas 5

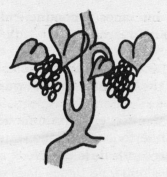

El crecimiento

"Yo soy la vid, y ustedes son las ramas. El que permanece unido a mí, y yo unido a él, da mucho fruto; pues sin mí no pueden ustedes hacer nada." (Jn 15:5)

Si no se sigue adelante, se retrocede. Cuando comenzamos una vida nueva tenemos que crecer. De lo contrario, quedaremos siempre enclenques e incompletos. Te ha sido dada una vida nueva. Ahora tienes que dejar crecer esta vida nueva en ti hasta que llegue a su madurez.

Ser bautizado en el Espíritu es solamente

el principio, el primer paso. No debe ser considerado como el punto culminante de tu vida espiritual, sino su punto de partida: desde ahora en adelante. El Señor quiere que sea el comienzo de una vida cada día más plena.

Tienes dentro de ti la semilla de una vida nueva. En terreno fértil y bien cuidado, esta semilla crecerá naturalmente. Si aprendes a cuidar la semilla, no tienes nada que temer, porque crecerá.

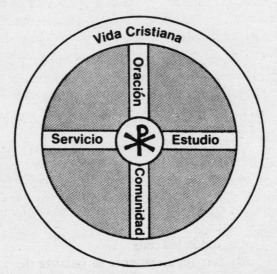

La rueda

La rueda representa tu vida como cristiano.

El aro de la rueda representa tu vida diaria. Cuando el aro gira alrededor del eje de la rueda, tu vida se mueve hacia adelante.

El eje de la rueda es Cristo. El eje de la rueda es la fuente de dirección y poder para toda la rueda. Asimismo, Cristo es la fuente de poder y dirección para tu vida.

Los rayos de la rueda transmiten el poder y la dirección del eje al aro. Mientras haya contacto entre el eje y el aro por medio de los rayos, la rueda se moverá hacia adelante. Algunos de los rayos de tu vida cristiana son:

- la oración
- el estudio de la palabra de Dios
- la comunidad (vida compartida con otros cristianos)
- el servicio

El crecimiento proviene de Cristo, quien te da la vida nueva. Pero debes hacer aquellas cosas que te mantienen en contacto con Cristo:

- orar todos los días
- estudiar regularmente la palabra de Dios

- reunirte periódicamente con otros cristianos, para orar y compartir juntos
- buscar la forma de prestar un servicio cristiano; en especial, buscar la manera de compartir la vida nueva que te ha sido dada.

Palabras de vida

Día 1: Jesús te ha dado una vida nueva por medio del Espíritu Santo. La vida del Espíritu Santo no es como un pozo de agua que tienes que guardar celosamente para que no se te seque. Es como un manantial que fluye y que crecerá en ti, a menos que hagas algo para detenerlo. Jesús te promete:

"Pero el que beba del agua que yo le daré, nunca volverá a tener sed. Porque el agua que yo le daré brotará en él como un manantial de vida eterna."   (Jn 4:14)

Día 2: Tu vida está en Cristo; proviene de Cristo. Si permaneces firmemente unido a él, crecerá y dará fruto. Si te dejas separar de él, se marchitará. Jesús dice:

"Yo soy la vid, y ustedes son las ramas. El que permanece unido a mí, y yo unido a él, da mucho fruto; pues sin mí no pueden ustedes hacer nada. El que no permanece unido a mí, será echado fuera y se secará como las ramas que se recogen y se queman en el fuego." (Jn 15:5-6)

Día 3: Jesús te ha dado un nuevo ser, una nueva forma de vida, más espiritual, más feliz y mejor que la antigua. Pero tienes que despojarte del hombre viejo que está en ti, para que puedas experimentar la vida nueva. La palabra de Dios te insta:

"En cuanto a su antigua manera de vivir, desháganse ustedes de su vieja naturaleza, que está corrompida, engañada por sus malos deseos. Ustedes deben renovarse en su mente y en su espíritu, y revestirse de la nueva naturaleza, creada según la voluntad de Dios, y que se muestra en una vida recta y pura, basada en la verdad." (Ef 4:22-23)

Día 4: Debes orar para mantenerte en contacto con Dios, quien es la fuente de nuestra vida. Jesús oraba aunque era el Hijo de Dios. Aun cuando estaba muy ocupado, Jesús sabía que tenía que orar. Tú también tienes que orar, si quieres mantenerte vivo espiritualmente. Imita a Jesucristo.

"Sin embargo, la fama de Jesús aumenta-
ba cada vez más, y mucha gente se jun-
taba para oírlo y para que curara sus
enfermedades. Pero Jesús se retiraba a
orar a lugares donde no había nadie."

(Lc 5:15-16)

Día 5: Para crecer en la vida del Espíritu,
debes conocer las enseñanzas de Dios. La
Biblia es la palabra de Dios y contiene palabras de vida. Léela y medítala con fidelidad
y crecerás. La palabra de Dios dice:

"Recuerda que desde niño conoces las Sagradas Escrituras, que pueden instruirte y
llevarte a la salvación por medio de la fe
en Cristo Jesús. Toda Escritura está inspi-
rada por Dios y es útil para enseñar y re-
prender, para corregir y educar en una
vida de rectitud, para que el hombre de
Dios esté capacitado y completamente
preparado para hacer toda clase de bien."

(2 Tim 3:15-17)

Día 6: La vida cristiana no es de tipo
individualista; el cristiano solitario está
incompleto. El don del Espíritu llevó a los
primeros cristianos a unirse y a formar una

comunidad, en la cual se ayudaban unos a otros a crecer. Sé fiel a la Iglesia y a reunirte con los cristianos que te ayudaron a encontrar una vida nueva en el Espíritu. Imita a los cristianos en el día de Pentecostés.

"Así pues, los que hicieron caso de su mensaje fueron bautizados; y aquel día se agregaron a los creyentes unas tres mil personas. Todos seguían firmes en lo que los apóstoles enseñaban, y compartían lo que tenían, y oraban y se reunían para partir el pan. Todos estaban asombrados a causa de los muchos milagros y señales que eran hechos por medio de los apóstoles. Los que habían creído estaban muy unidos y compartían sus bienes entre sí; vendían sus propiedades y todo lo que tenían, y repartían el dinero según las necesidades de cada uno. Todos los días se reunían en el templo, y en las casas partían el pan y comían juntos con alegría y sencillez de corazón. Alababan a Dios y eran estimados por todos; y cada día el Señor añadía a la iglesia los que iban siendo salvos." (Hch 2:41-47)

Día 7: Si amas a otras personas, querrás compartir con ellas lo mejor que tienes: el Señor. Comparte con sabiduría lo que tú has

encontrado, dejándote guiar por el Espíritu.
La palabra de Dios dice:

"Pórtense prudentemente con los no
creyentes, y aprovechen bien el tiempo.
Su conversación debe ser siempre agra-
dable y de buen gusto, y deben saber también cómo contestar a cada uno."

(Col 4:5-6)

Estudio: Los dos capítulos que leeremos
esta semana tratan de cómo continuar fiel-
mente nuestra vida con Jesús y cómo ir
cambiando, para llegar a ser como Él.

Juan 17, Filipenses 3

La transformación en Cristo

"No quiero decir que ya lo haya conseguido todo, ni que ya sea perfecto; pero sigo adelante con la esperanza de alcanzarlo, puesto que Cristo Jesús me alcanzó primero." (Flp 3:12)

Palabras de vida

Día 1: El Espíritu Santo está actuando en ti. Él quiere cambiarte, darte una vida mejor, hacerte más santo. Puedes confiar en él y su obra en tu vida. Jesús no te dejó para que te las arreglaras sólo. La palabra de Dios te promete:

"Pues Dios es quien hace nacer en ustedes los buenos deseos y quien les ayuda a llevarlos a cabo, según su buena voluntad."

(Flp 2:13)

Día 2:   Nunca dejes que esta verdad se borre de tu mente: no hay nada que sea más valioso que conocer a Cristo y pertenecer a él. Tu tesoro más grande es la vida que tienes en Cristo. Renuncia a todo para conservar tu vida en Cristo y crecer en ella. La palabra de Dios dice:

"Aún más, a nada le concedo valor si lo comparo con el bien supremo de conocer a Cristo Jesús, mi Señor. Por causa de Cristo lo he perdido todo, y todo lo considero basura a cambio de ganarlo a él, encontrarme unido a él."   (Flp 3:8-9)

Día 3:   En ciertas ocasiones tendrás que enfrentar pruebas: tus amigos no te comprenderán, tu familia te tratará de desanimar, experimentarás dudas, temores y confusiones. Pero todas estas cosas pueden ser un medio para un mayor crecimiento y para fortalecerte más, si las sabes sobrellevar con fe. La palabra de Dios promete:

"Hermanos mios, ustedes deben tenerse por muy dichosos cuando se vean sometidos a pruebas de toda clase. Pues ya saben que cuando su fe es puesta a prueba, ustedes aprenden a soportar con fortaleza el sufrimiento. Pero procuren que esa fortaleza los lleve a la perfección, a la madurez plena, sin que les falte nada."

(Stg 1:2–4)

Día 4: Dios está contigo; nunca lo olvides. Te ama y está contigo, y nunca te abandonará. No importa qué clase de pruebas tengas que afrontar, el SEÑOR TE AMA Y ESTÁ CONTIGO. La palabra de Dios te promete:

"Ustedes no han pasado por ninguna prueba que no sea humanamente soportable. Y pueden ustedes confiar en Dios, que no les dejará sufrir pruebas más duras de lo que pueden soportar. Por el contrario, cuando llegue la prueba, Dios les dará la manera de salir de ella, para que puedan soportarla."   (1 Cor 10:13)

Día 5: Si eres fiel a Dios y le amas, todo resultará para tu bien. No hay nada que te pueda suceder que no llegue a convertirse en fuente de una vida más profunda y mejor para ti. El Señor saca bien del mal. En su palabra nos promete:

"Sabemos que Dios dispone todas las cosas para el bien de quienes le aman, a los cuales él ha llamado de acuerdo con su propósito." (Rm 8:28)

Día 6: No puedes estar completamente unido a Cristo sin estar unido al cuerpo de Cristo. Si amas a Cristo tienes que amar a su cuerpo y amar a aquellos que le pertenecen. Si quieres pertenecer a Cristo, únete a su cuerpo, manténte cerca a otros cristianos. La palabra de Dios dice:

"Porque así como en un solo cuerpo tenemos muchas partes, y no todas las partes sirven para lo mismo, así también nosotros aunque somos muchos, formamos un solo cuerpo en Cristo y estamos unidos unos a otros como partes de un mismo cuerpo." (Rm 12:4–5)

Día 7: Jesús obrará en tu vida por medio de la Iglesia y por medio de otros cristianos.

Él quiere que te intereses en la vida de la comunidad cristiana y en ayudar a otros cristianos. Sé fiel en reunirte con los cristianos que te han ayudado a encontrar una vida nueva en el Espíritu. La palabra de Dios dice:

"Busquemos la manera de ayudarnos unos a otros a tener más amor y hacer el bien. No dejemos de asistir a nuestras reuniones, como hacen algunos, sino démonos ánimos unos a otros; y tanto más cuanto que vemos que el día del Señor se acerca."   (Heb 10:24–25)

Estudio: Esta semana leeremos los dos capítulos que tratan de la resurrección de Jesús y la nuestra.

Juan 20, Apocalipsis 21

Hermano o hermana:

Si tuvieras una gran cantidad de dinero, lo guardarías con mucho cuidado. Pues bien, te ha sido dado algo de un valor mucho mayor. Guárdalo muy, muy cuidadosamente. Vale la pena dar tu vida por ello.

Jesús relató la historia de un mercader en busca de perlas finas. Dijo así: "El reino de Dios es también como un comerciante que anda buscando perlas finas; cuando encuentra una de mucho valor, va y vende todo lo que tiene, y compra esa perla" (Mt 13:45-46). La perla de gran precio es el reino de Dios; es la vida que se vive bajo el reinado de Dios; es Dios mismo. Renuncia a todo por esa perla.

Jesús te dice: "No se angustien ustedes. Confíen en Dios y confíen también en mí" (Jn 14:1). No temas; Dios está contigo y te ama. El te cuidará. Si Dios está contigo, nada te puede vencer.

Todos tus problemas aún no han sido solucionados. Todavía no eres perfecto. Pero tienes el Camino, la Verdad y la Vida. Estás en el camino de la gloria eterna.

"¿Qué más podremos decir? ¡Que si Dios está a nuestro favor, nadie podrá estar en contra nuestra! ¿Si Dios no nos negó ni a su propio Hijo, sino que lo entregó a la muerte por todos nosotros, cómo no habrá de darnos también, junto con su Hijo, todas las cosas? ¿Quién podrá acusar a los que Dios ha escogido? Dios es quien los declara libres de culpa. ¿Quién podrá condenarlos? Cristo Jesús es quien murió; todavía más quien resucitó y está a la derecha de Dios, rogando por nosotros. ¿Quién nos podrá separar del amor de Cristo? ¿El sufrimiento, o las dificultades, o la persecución, o el hambre, o la falta de ropa, o el peligro, o la muerte? Como dice la Escritura: 'Por causa tuya estamos siempre expuestos a la muerte; nos tratan como a ovejas llevadas al matadero.' Pero en todo esto salimos más que vencedores por medio de aquel que nos amó. Estoy convencido de que nada podrá separarnos del amor de Dios: ni la muerte, ni la vida, ni los ángeles, ni los poderes y fuerzas espirituales, ni lo presente, ni lo futuro, ni lo alto, ni lo profundo, ni ninguna otra de las cosas creadas por Dios. ¡Nada podrá separarnos del amor que Dios nos ha mostrado en Cristo Jesús nuestro Señor!"   (Rm 8:31–39)

Las citas bíblicas son de *Dios habla hoy*. *La Biblia Versión Popular.* Sociedades Bíblicas Unidas. 1979